Inhalt

Variable Vergütungsanteile - Fluch oder Segen für die Motivation?

Kernthesen

Beitrag

Fallbeispiele

Weiterführende Literatur

Impressum

Variable Vergütungsanteile - Fluch oder Segen für die Motivation?

Robert Reuter

Kernthesen

- Variable Vergütungsanteile wie etwa die Zahlung von Sonderboni gelten trotz der Verwerfungen in der Finanzkrise als zuverlässige Förderer von Motivation und Arbeitszufriedenheit.
- Andererseits haben Studien der empirischen Personalökonomie ergeben, dass Bonuszahlungen auch negative Auswirkungen haben können. Mitarbeiter, die jeden Handschlag mit einer Zahlung vergütet bekommen, verlieren jede innere

Motivation und arbeiten nur noch, wenn sofort Geld winkt.
- Finanzielle Anreizsysteme müssen nach Ansicht der Experten darum gut austariert sein. Sie empfehlen eine Kombination aus externen und internen Motivationsfaktoren.
- Wichtig ist auch, dass die Sonderzahlungen an eindeutig messbare Leistungen gekoppelt werden.

Beitrag

Fragen nach der Wirksamkeit

Die Frage nach der Wirksamkeit von Bonuszahlungen wird in der Motivationsforschung immer wieder gestellt. Da sich die Motivation aus vielen unterschiedlichen Quellen speisen kann, ist eine allgemeingültige Antwort nicht möglich. So gibt es immer wieder Studien, deren Ergebnisse einen positiven Einfluss variabler Vergütungssysteme auf die Motivation mal stützen, mal negieren. Das Unternehmen Safelite Glass Company beispielsweise hatte 1994 die Bezahlung seiner Monteure von einem Fixlohn auf eine leistungsorientierte Entlohnung umgestellt. Fortan wurde nicht mehr jedem Monteur derselbe Stundenlohn gezahlt, sondern die Bezahlung an die Anzahl montierter Autoglasscheiben gekoppelt. Die durchschnittliche Produktivität erhöhte sich anschließend um 44 Prozent.

Ganz anders fiel hingegen das Ergebnis eines Experiments der obersten New Yorker Schulbehörde aus. Auch hier wurde testweise leistungsabhängig bezahlt. Lehrer erhielten Bonuszahlungen, deren Höhe abhängig war von einer Vielzahl von Indikatoren wie Anwesenheit, Studienleistungen und Abschlussquote der Schüler. Konträr zu den Ergebnissen der Safelite Glass Company konnte hier keinerlei Einfluss der Geldzahlungen auf die Leistungen der Lehrer nachgewiesen werden. Die Annahme, dass mehr Geld automatisch ein Mehr an Leistung bewirkt, ist nicht nur durch dieses Beispiel widerlegt.

Am stärksten hat die Finanzkrise den Zweifel an der Wirksamkeit finanzieller Belohnungssysteme genährt. Mit Millionengehältern ausgestattete Manager lieferten nicht etwa überdurchschnittliche Leistungen ab, sondern manövrierten ihre Unternehmen achselzuckend in die Pleite - und stopften sich zum Ende hin noch einmal kräftig die Taschen voll. Abgesänge auf die Bonuszahlung als motivierendem Faktor sind seitdem reichlich in der Diskussion vertreten. (1), (3)

Variable Vergütung ist weit verbreitet

Vergütungssysteme mit variablen Komponenten gehören auch in Deutschland seit Jahrzehnten zum personalwirtschaftlichen Standardrepertoire. Rund 40 Prozent aller Firmen haben variable Lohnkomponenten in ihrem Vergütungssystem. Besonders häufig wird die Vergütung bei Führungskräften an die tatsächlich erbrachten Leistungen gekoppelt. Gut 60 Prozent der Unternehmen kombinieren die Bezahlung ihrer Führungskräfte aus festen und beweglichen Vergütungsanteilen. (4), (7)

Motivation durch das Arbeitsumfeld

Umfragen zeigen, dass das Gehalt oder die Zahlung von Boni von den Mitarbeitern selbst nur selten als Quelle für Motivation und Arbeitszufriedenheit empfunden werden. Genannt werden stattdessen Werte wie die Möglichkeiten der persönlichen Entwicklung, Freiräume für eigene Entscheidungen und ein anspruchsvoller Aufgabenbereich. Besonders wichtig sind den abhängig Beschäftigten laut einer jüngeren Umfrage zudem freundliche Kollegen (sagen 46 Prozent). Die Gehaltshöhe und Sonderleistungen tauchten mit 16 Prozent erst im Schlussfeld auf.

Forscher haben überdies zahlreiche Belege dafür gefunden, dass externe Anreize wie Geld und Bonuszahlungen eine vorhandene innere Motivation völlig verdrängen können. Wenn Geld für etwas gezahlt werde, das man vorher eigenmotiviert erledigt habe, trete an die Stelle der früheren Überzeugung irgendwann ein bloßer Vertragsanspruch. Der früher aus sich selbst heraus leistungswillige Angestellte wird nach und nach zum Kalkulator, der bei jeder abverlangten Leistung nachrechnet, welcher Bonus ihm zusteht. Im Ergebnis führt die Bonuszahlung dann zu genau dem Verhalten, das man vermeiden wollte, nämlich zu bezahlter Demotiviertheit.

Eine in diesem Zusammenhang interessante Frage ist, wie lange eine durch Bonuszahlungen erhöhte Arbeitsbereitschaft überhaupt anhält. Ein US-amerikanischer Psychologieprofessor hat zur Klärung dieser Frage Personen befragt, die im Lotto gewonnen hatten. Das Ergebnis war, dass die Euphorie bei allen drei untersuchten Probanden nach ziemlich genau drei Monaten verflogen war. Auf ein Bonussystem übertragen, zieht die Wissenschaft daraus den Schluss, dass Belohnungen ihre Wirkung verlieren, wenn sie vorhersehbar sind.

Der deutsche Professor Dirk Sliwka bestätigt den

Verdacht, dass Bonuszahlungen negative Folgen für die innere Motivation haben können. Der bei weitem überwiegende Teil der existierenden empirischen Feldstudien zeigt aber, dass gut gestaltete Anreizsysteme durchaus positive Effekte nach sich ziehen. Um die Verdrängung innerer Motivation durch die Einführung von Sonderzahlungen zu vermeiden, empfehlen einige Experten daher ein kombiniertes Belohnungssystem. Die Kunst liege darin, vorhandene Motivation nicht zu monetarisieren, sondern sie zu ergänzen. (2), (3), (4)

Vielzählige Wirkmechanismen

Wenn leistungsabhängige Bezahlung eine höhere Produktivität nach sich zieht, sind vielzählige Mechanismen am Werk. So verschaffen Bonuszahlungen dem Mitarbeiter Orientierung, weil die höhere Bezahlung meistens mit klaren Zielstellungen verbunden ist. Hierdurch erfährt der Mitarbeiter, was dem Unternehmen besonders wichtig ist und kann sich dementsprechend ausrichten. Zudem bewirken Bonuszahlungen und hohe Gehälter eine Selbstselektion. Überdurchschnittlich produktive Mitarbeiter sehen sich belohnt und denken darum nicht an einen Jobwechsel. Im Fall der Safelite Glass Company konnte ermittelt werden, dass 50 Prozent der

Produktivitätsgewinne auf eine Leistungssteigerung der Mitarbeiter zurückgingen. Den Rest steuerten Selektionseffekte bei, die sich auch darin zeigen können, dass ein Unternehmen Mitarbeiter bekommt, die ohne Bonuszahlungen einem anderen Unternehmen den Vorzug geben würden. (1), (6)

Gute Messbarkeit bildet die Grundlage

Trotz der weiten Verbreitung dieser Instrumente sind die Auswirkungen variabler Vergütungsanteile auf die Arbeitsmotivation im Einzelnen noch immer unklar. Der Zusammenhang gehört in den Bereich der empirischen Personalökonomie, die aber innerhalb der wissenschaftlichen Forschung noch immer ein Nischendasein führt. Am besten dokumentiert sind Produktivitätssteigerungen durch individuelle Anreize, wenn die Leistung eines Mitarbeiters gut messbar ist. Hierzu zählt das genannte Beispiel der Safelite Glass Company, bei der die Zahl der montierten Windschutzscheiben zur Grundlage der Vergütung gemacht wurde. (4)

Probleme bei der Messung

Um die motivationsfördernde Wirkung von

Bonussystemen überhaupt messen zu können, muss also auch die Arbeitsleistung quantifizierbar sein. Dies ist in der Praxis jedoch oft schwierig, da die Mitarbeiter häufig eine Vielzahl von Aufgaben erledigen, die noch dazu nicht alle gleichermaßen messbar sind. Überdies besteht bei vielfältig eingesetzten Mitarbeitern häufig das sogenannte Multitasking-Problem: Werden nur einzelne gut messbare Aufgaben entlohnt (wie beispielsweise die produzierte Quantität), können andere, schlechter messbare Aufgabenbestandteile darunter leiden (zum Beispiel die Qualität). Bei der Implementierung variabler Vergütungssysteme ist darum darauf zu achten, dass nicht zu viele objektiv messbare Indikatoren in die Bewertung einfließen, weil ein zu komplexes Anreizsystem den Mitarbeiter erfahrungsgemäß überfordert.

Ebenso wichtig sind subjektive Leistungsbeurteilungen, da damit mehr Aspekte der Leistung erfasst werden können. Allerdings hat sich gezeigt, dass die subjektive Beurteilung durch Vorgesetzte der tatsächlichen Leistung des Mitarbeiters oft nicht gerecht wird. Ein typischer Befund ist, dass Vorgesetzte zu wenig zwischen leistungsstarken und leistungsschwachen Mitarbeitern differenzieren. Gerade diese Gleichmacherei erweist sich in den Unternehmen als Motivationsbremse, denn der leistungsbereite

Mitarbeiter will mit den Drückebergern nicht in einen Topf geworfen werden. Experten empfehlen, bei der Einführung von Bonussystemen eine Kombination aus subjektiver Leistungsbeurteilung und objektiv messbaren Indikatoren zugrundezulegen. (1)

Trends

Unternehmen gewähren Freiräume

Die Gewährung von Freiräumen ist für immer mehr Unternehmen ein wichtiger Baustein in der Förderung von Motivation und Zufriedenheit. Die Mitarbeiter des Technologieunternehmens 3M beispielsweise dürfen fünfzehn Prozent ihrer Arbeitszeit dafür aufwenden, in ihrem Gebiet an eigenen Innovationen zu arbeiten. Der Internetriese Google räumt sogar zwanzig Prozent der Arbeitszeit für eigene Projekte der Mitarbeiter frei. Das Ergebnis für den Mitarbeiter ist eine nicht mit Geld zu bezahlende Anerkennung, während Google und 3M mit den kostenlosen Erfindungen Millionenumsätze erzielen. (2)

Fallbeispiele

Vorsicht beim Weihnachtsgeld

Die Zahlung von Weihnachtsgeld gilt in der empirischen Personalforschung als besonders wichtiger Baustein einer leistungsfördernden Vergütung. Unternehmen müssen aber wissen, dass die Mitarbeiter, wenn diese freiwillige Zahlung drei Jahre lang geleistet wurde, auch ohne vertragliche Fixierung einen Rechtsanspruch auf Weihnachtsgeld erlangen. Juristisch entsteht aus der dreijährigen Zahlung eine sogenannte "betriebliche Übung". Vermeiden kann der Arbeitgeber die Entstehung des Rechtsanspruchs nur, wenn er bei jeder Weihnachtsgeldzahlung schriftlich darauf hinweist, dass die Zahlung freiwillig erfolgt und keinen Rechtsanspruch begründet. Der schlichte Satz kann damit darüber entscheiden, ob ein Unternehmer in schwierigen Zeiten das Weihnachtsgeld einfach weglassen kann oder möglicherweise vor dem Arbeitsgericht erscheinen muss. (5)

Weiterführende Literatur

(1) Finanzielle Anreize und Produktivität

aus PERSONALquarterly Nr. 10 vom 10.10.2011 Seiten 46 - 49

(2) Bonus? Teuer. Motivation? Unbezahlbar.
aus GDI Impuls 3/11, S. 42-46

(3) Bonussysteme nach Maß
aus PERSONALmagazin, Heft 11/2011, S. 12

(4) Die Balance finden
aus PERSONALmagazin, Heft 11/2011, S. 14

(5) Kaum ein Thema entscheidet gleichsam über Frust oder Motivation Ihrer Mitarbeiter. Welche Regelungen es in Sachen Weihnachtsgeld gibt und wann Sie das Extrageld streichen dürfen, erklärt Florian Hobbhahn
aus Rundschau für den Lebensmittelhandel Nr. 11 vom 01.11.2011 Seite 072

(6) Für Mitarbeiter Anreize schaffen
aus Allgemeine Hotel- und Gastronomie-Zeitung Nr. 48 vom 27.11.2010 Seite 016

(7) Gerecht und motivierend
aus ZFO - Zeitschrift Führung und Organisation 04/2011, S.230

Impressum

Variable Vergütungsanteile - Fluch oder Segen für die Motivation?

Bibliografische Information der deutschen Nationalbibliothek

Die Deutsche Nationalbibliothek verzeichnet diese Publikation in der deutschen Nationalbibliografie; detaillierte bibliografische Daten sind im Internet über http://dnb.d-nb.de abrufbar.

ISBN: 978-3-7379-0969-3

© 2015 GBI-Genios Deutsche Wirtschaftsdatenbank GmbH, Freischützstraße 96, 81927 München, www.genios.de

Alle Rechte vorbehalten. Dieses Werk ist einschließlich aller seiner Teile – z.B. Texte, Tabellen und Grafiken - urheberrechtlich geschützt. Jede Verwertung außerhalb der Grenzen des Urheberrechtsgesetzes bedarf der vorherigen Zustimmung des Verlags. Dies gilt insbesondere auch für auszugsweise Nachdrucke, fotomechanische

Vervielfältigungen (Fotokopie/Mikroskopie), Übersetzungen, Auswertungen durch Datenbanken oder ähnliche Einrichtungen und die Einspeicherung und Verarbeitung in elektronischen Systemen.